AF263892

RÉFLEXIONS

SUR

LA COLONISATION

EN ALGÉRIE

PAR

P. ZACCONE

CAPITAINE AU 7ᵉ DE LIGNE

Détaché aux Affaires Indigènes (Bureau Arabe de Tébessa).

<table>
<tr><td>CONSTANTINE
CHEZ L. MARLE, LIBRAIRE
2, rue d'Aumale, 2.</td><td>PARIS
CHEZ CHALLAMEL, LIBRAIRE
30, rue des Boulangers, 30.</td></tr>
</table>

1872

RÉFLEXIONS

SUR

LA COLONISATION

EN ALGÉRIE

PAR

P. ZACCONE

CAPITAINE AU 7e DE LIGNE

Détaché aux Affaires Indigènes (Bureau Arabe de Tébessa).

CONSTANTINE
CHEZ L. MARLE, LIBRAIRE
2, rue d'Aumale, 2.

PARIS
CHEZ CHALLAMEL, LIBRAIRE
30, rue des Boulangers, 30.

1872

RÉFLEXIONS

SUR

LA COLONISATION EN ALGÉRIE.

LES ARABES.

—

Depuis la conquête de l'Algérie, beaucoup d'ouvrages sérieux, bien faits et bien écrits ont paru sur la colonisation, sur l'occupation plus ou moins limitée, sur les Arabes, sur leurs mœurs et leurs coutumes. Presque tous les auteurs semblent n'avoir eu qu'un but, celui de nous assimiler les Arabes pour les faire participer aux bienfaits de la civilisation.

Sans méconnaître tout ce qui a été dit de beau, de bien et de bon au point de vue philosophique et philanthropique, nous ne pensons pas qu'il soit possible d'amener jamais les Arabes à changer leurs mœurs, leurs industries et leurs cultures. Il y a d'abord une raison majeure qui les tiendra toujours éloignés de nous, c'est leur religion.

Le Coran, en effet, est leur code. Il comprend tout :

la politique, la justice et la morale. Quel que soit le progrès que nous leur offrions, il heurte le Coran et froisse le sentiment religieux d'un peuple qui croit à la mission de Mahomet et à l'authenticité du livre sacré.

La religion de Mahomet, le prophète de Dieu, suffit aux Arabes et justifie leurs mœurs, qui conviennent parfaitement d'ailleurs à leurs tempéraments. Ainsi, dans la famille, par exemple, base de toute société, la polygamie, repoussée par la morale politique des peuples d'Europe au climat tempéré, est une nécessité des peuples d'Afrique, soumis à un ciel de feu. Prétendre assimiler deux races aussi dissemblables en politique, en religion et en philosophie, c'est une utopie selon nous. C'est pourquoi nous croyons qu'il est préférable de laisser les Arabes user de la vie comme ils l'entendent, de les attirer au contraire à notre cause par de bons procédés, de profiter de leurs qualités, car ils en ont de grandes : la sobriété, la résignation et le courage ; et de ne pas les indisposer en cherchant à leur imposer des théories qui sont bonnes en Europe, mais qui ne valent rien ici, parce qu'elles ont été élaborées pour des climats modérés, et non pour un ciel sans nuage comme celui qui règne en Algérie pendant sept mois de l'année.

Il va sans dire que nous ne parlons que des Arabes. Quant aux Kabyles, c'est autre chose ; cette race est laborieuse, elle aime la vie sédentaire, la culture des champs ; elle est, de plus, industrieuse et elle habite des villages ; elle possède donc une partie des qualités qui distinguent les nations européennes : amour de la propriété, de la famille et du sol. Les Kabyles nous sont par conséquent assimilables en tous points ; c'est une affaire de temps.

CULTURE.

—

Il y a en Algérie deux espèces de terrains bien distincts : Le *Tell* et les *Hauts Plateaux*. Je ne parlerai pas du Sahara dont les oasis ne produisent que des dattes, quelques rares légumes et des objets spéciaux qui conviennent peu à l'Europe.

Dans le *Tell*, il y a des localités qui, par la nature de leur sol, par la configuration topographique des lieux et la faculté des arrosages durant diverses époques de l'année, peuvent, jusqu'à un certain point, être cultivées d'après les meilleures méthodes françaises ; c'est ce qu'on peut voir aux environs de Bône, de Guelma, Philippeville, Saint-Charles, El-Arrouch, le Hamma, Constantine, etc. Quant aux plateaux où les eaux sont rares, il faut absolument adopter les errements arabes, si l'on ne veut avoir de grands mécomptes. Ce genre de culture présente, en outre, des avantages réels :

1° Il est moins dispendieux, parce qu'il n'exige que des instruments simples, primitifs et d'une construction facile.

2° Les labours n'étant pas profonds, il ne faut que peu d'animaux pour les exécuter.

3° Il est moins fatigant et l'on remue une étendue relativement considérable en peu d'heures.

4° Il n'épuise pas la terre, puisque celle-ci présentant de grandes surfaces, on peut de temps en temps la laisser reposer.

Toutes ces données sont d'autant plus à considérer

dans le prix de revient que les transports sont toujours très-onéreux.

Pour diminuer les frais, il ne faut, selon nous, entreprendre de culture européenne que sur les grandes lignes de communication fréquentées par les charrois, ou au moins ne pas s'en écarter à plus de 15 à 20 kilomètres, pour que les animaux qui effectuent les transports puissent, dans une même journée, se rendre aux voies carrossables et revenir le soir à la ferme ou au douar. C'est d'autant plus important que l'européen ne peut pas lutter avec l'indigène pour le bas prix de revient. Les Arabes obtiennent leurs produits avec huit ou dix fois moins de frais ; c'est pourquoi nous pensons que les colons doivent de préférence rester dans le Tell, à portée des routes et des ports, et leur abandonner les hauts plateaux.

Notre idée n'est pas de vouloir aujourd'hui supprimer les établissements qui ont été construits dans les régions hautes, mais avant de créer d'autres centres, comme on le fait journellement, nous croyons qu'il serait préférable de compléter les groupes qui existent déjà, en augmentant ceux qui sont faibles et en les fortifiant de quelques solides blockaus ou caravansérails défensifs. Chaque village en aurait un ou deux, suivant l'importance de sa population, et, pour en mieux défendre les approches, ils seraient placés à l'extérieur.

Nous ne sommes point, non plus, partisan des fermes isolées ; elles sont un embarras dans les moments difficiles, et elles courent des dangers sérieux, ainsi que l'a prouvé récemment la dernière insurrection.

La ferme française, qui de nos jours peut aisément subsister dans tout le Tell, n'est certainement pas viable sur les hauts plateaux, et c'est pour cela que les colons y ont toujours végété, et que l'on y trouve encore actuellement tant de ruines récentes. La vie *sédentaire* n'y est pas praticable, car malheureusement, à notre époque, la civilisation a créé aux Européens de trop grands besoins. Ces contrées ne peuvent convenir qu'aux peuples pasteurs, sobres, vivant de peu et sans luxe. Ces vastes étendues leur permettent de changer de lieux de campement, suivant les époques de l'année et les exigences de leurs troupeaux. Il en résulte que ces tribus ont forcément leurs stations d'hiver et leurs stations d'été. La mobilité avec laquelle elles doivent pouvoir se déplacer, explique parfaitement l'emploi des tentes.

Si, au contraire, les indigènes construisaient des maisons comme on le leur conseille pour les attacher au sol, ils seraient obligés de les abandonner périodiquement pour suivre leurs troupeaux à certains moments sur des prairies lointaines. Il leur faudrait donc des habitations sur tous les points où ils ont de grands pâturages ou de fortes cultures. Les frais de bâtisse et d'entretien de ces immeubles seraient énormes, les pertes également, et les prix de revient de leurs produits atteindraient des chiffres tellement élevés que l'écoulement en serait naturellement entravé.

Les Arabes ont donc parfaitement raison de vivre sous la tente et de cultiver leurs terres comme ils le font. Nous disons de plus que le jour où ils se fixeront au sol des hauts plateaux en abandonnant leurs stations du Tell, ils dépériront inévitablement, parce que ces terrains sont presque tous dépourvus de bois, et de plus, manquent d'eau et de prairies pendant six mois de l'année. Voilà pourquoi il est de toute nécessité qu'ils conservent des terrains dans le Tell, en même temps qu'ils en ont sur les plateaux, et voire même dans les Aurès et le Sahara.

Un coup-d'œil jeté sur les fermes des colons prouve à l'évidence que les Européens qui s'établissent en Algérie et qui y apportent les procédés de culture française et leur manière de vivre ne peuvent lutter avec les Arabes pour le bon marché. Ils s'endettent pour la plupart généralement dès les débuts, ont de grandes déceptions, se ruinent la santé à travailler sous un soleil de plomb, sont sous la griffe des usuriers qui les torturent; et, après bien des ennuis, des chagrins, des privations et des découragements ils meurent à la peine.

Les Indigènes, suivant nous, sont plus dans le vrai et n'ont guère besoin que de quelques conseils pour se trouver en possession des meilleures méthodes applicables en Algérie.

Nous avons remarqué dans nos excursions que l'Arabe néglige certaines précautions dont l'oubli lui cause un grand préjudice, et qu'il suffirait de lui signaler par l'intermédiaire des caïds et des cheicks pour les lui faire accepter.

Il faudrait lui recommander :

1º De ne pas abandonner son champ aux chances du hasard dès qu'il est ensemencé;

2º De ne pas se dépouiller trop précipitamment de ses récoltes et d'en réserver pour les mauvais jours;

3º De faire un choix de bonnes semences pour améliorer ses produits agricoles;

4º D'abriter ses troupeaux dans des gourbis ou au moins sous des hangars;

5º De soigner ses légères indispositions au début, et de ne pas se laisser miner par les fièvres et les dyssenteries.

CULTURE DES CHAMPS.

—

Les terrains possédés par les Arabes étant très-spacieux ne peuvent pas être fumés comme on le fait en Europe; il y a donc obligation forcée d'en mettre une partie en *jachères* tous les ans. Ce repos donné à la terre lui permet de se refaire et de reconstituer lentement, par l'absorption de l'air, les éléments perdus par la production.

En Europe, où les populations sont plus denses, où les terrains sont pour ainsi dire tous cultivables, on a renoncé, avec raison, à l'emploi des *jachères* et l'on pratique, avec succès, les *assolements*.

Assoler des terres, c'est les diviser en plusieurs lots et faire succéder régulièrement, ou à peu près, des récoltes différentes sur un même champ. Par ce moyen, chaque semence prend dans le même terrain les parties nutritives qui lui sont utiles pour croître et mûrir, et pendant que grandit ce nouveau végétal le sol répare les pertes qu'il a éprouvées par les cultures précédentes.

Ce procédé très-judicieux, applicable dans le Nord de la France et surtout en Belgique et en Angleterre, n'est pas admissible en Algérie, si ce n'est dans quelques parties privilégiées du littoral et du Tell. Il faut donc, en Afrique, avoir recours aux jachères puisque les fumiers font défaut.

Moïse, ce grand législateur des Hébreux, esprit essentiellement pratique, avait déjà, de son temps, prescrit le repos de la terre tous les sept ans. Il dit formellement dans ses préceptes au peuple : « La septième année sera le Sabbat de la terre ; vous ne sèmerez point votre champ, etc. » La *jachère* arrivait donc autrefois après six ans de culture ; c'est le système pastoral dans sa pureté primitive.

Pour remédier un peu à la pénurie des fumiers, les Arabes ont l'habitude, lors des récoltes, *de n'enlever que les épis* du blé et de l'orge et de laisser la paille sur pied, où elle sert de pâture aux bestiaux dans leurs parcours journaliers, et dont les débris, par leurs détritus, fument ensuite la terre et lui rendent une partie des matières organiques et minérales qui lui avaient été enlevées. Les Israélites n'agissaient pas autrement en Palestine, ainsi que le constate le lévitique, chapitre 23, verset 22. Et ce procédé leur venait certainement des Égyptiens, qui devaient opérer de cette manière si l'on s'en rapporte aux hyérogliphes des temples d'Égypte, qui représentent le peuple aux moissons, debout, coupant le blé à mi-hauteur avec une faucille à la main (1). Il est à remarquer qu'on économise ainsi le transport de la paille au douar et celui du fumier au champ. Tout est donc pour le mieux, puisqu'il y a, tout à la fois, économie de temps, de fatigue et de dépenses. Voilà, pourquoi l'indigène n'a besoin ni de faucheuses ni de faulx et pourquoi la faucille lui est suffisante. Elle est moins fatigante à manier, et l'homme fait, en outre, plus d'ouvrage dans sa journée.

C'est aussi pour engraisser le sol que les Arabes mettent le feu aux mauvaises herbes, aux chaumes, aux broussailles. Il ne faut certes pas les critiquer d'un usage qui est logique, puisqu'il est aujourd'hui

(1) Voir les planches de l'ouvrage de Champollion sur l'Égypte.

reconnu que les cendres fertilisent les terrres. Laissons-leur donc leur mode de culture qui paraît basé sur l'observation des faits recueillis dans la pratique et recommandons-leur :

1º De sarcler leurs champs, c'est-à-dire, d'enlever les mauvaises herbes et les plantes nuisibles qui envahissent les blés, les orges et autres cultures. Cette opération doit avoir lieu lorsque les blés et les orges sont bien levés et qu'on peut encore les fouler impunément. Le sarclage ne doit venir qu'après une légère pluie qui permettra d'enlever sans peine les mauvaises herbes avec leurs racines ;

2º De mettre en réserve dans des silos, et pour les années de disette, le surplus des années abondantes ; leur rappelant, à ce sujet, que sur quatorze récoltes il y en a toujours sept de médiocres, passables ou mauvaises, ainsi que l'agriculture en a fait l'expérience ; c'est une donnée acquise à l'économie agricole et que Joseph a expliquée jadis au roi Pharaon par la parabole des sept épis pleins et des sept épis maigres.

PRAIRIES.

L'Algérie possède des prairies naturelles, mais pas
en assez grand nombre, cependant, pour bien entre-
ténir les nombreux troupeaux du pays. Celles qui
existent peuvent être utilisées en hiver quatre à cinq
mois au plus, et ensuite, les bestiaux végètent et ne
mangent plus que quelques mauvaises herbes pro-
tégées, avec peine, des ardeurs du soleil par les
pierres et les rochers auprès desquels elles vivent
médiocrement.

Il est donc essentiel d'arriver à créer des prairies
artificielles au moyen de séguias bien conduites,
comme savent le faire les Arabes qui, lors de leur
première splendeur, ont été jadis nos maîtres en diverses contrées et notamment en Espagne, où leurs
travaux d'irrigation servent encore de nos jours.

On obtiendrait, ainsi, des luzernes, trèfles, sain-
foins, etc., dont les premières coupes seraient soi-
gneusement ramassées et emmeulées pour la saison
d'été ou d'automne, alors, que tout est brûlé ; les
regains seraient consommés sur place. La conséquence
immédiate de cette innovation serait l'amélioration de
la race bovine.

Si nous proposons de multiplier les séguias par
quelques barrages, nous n'entendons pas conseiller
d'immenses travaux pour obtenir des pièces d'eau,
des étangs ou des lacs ; parce que ces eaux, vu la
faiblesse des ruisseaux qui devraient les alimenter,
seraient rapidement absorbées par l'ardeur du soleil

et l'on aurait bien vite des marais pestilentiels. Élevons simplement de petites digues et nous aurons des irrigations en nombre suffisant pour obtenir de belles prairies artificielles aux abords des cours d'eau.

Ce sera une immense ressource pour les Arabes et on pourra, dès lors, leur interdire de paître leurs troupeaux dans les bois, taillis et broussailles qui garnissent maigrement les pentes presque dénudées des montagnes et de leurs contreforts.

Les bestiaux, les moutons et surtout les chèvres sont la ruine des forêts. Ces dernières vont jusque dans les anfractuosités des rochers les plus élevés brouter les arbustes et dévorer les bourgeons naissants.

Le jour où ces animaux ne circuleront plus dans les bois et les brouissailles, la végétation renaîtra facilement sur les montagnes, les eaux retenues un instant par les racines des arbres ne glisseront plus sur les pentes avec une rapidité dévastatrice et les terres ne seront pas entraînées dans les talwegs pour de là être charriées à la mer.

Quand les arbres se seront refaits, que les broussailles auront pris plus de force, on pourra sans crainte songer à reboiser, non par grande surface, mais par bandes parallèles à la lisière des bois.

On plantera également les clairières des forêts; de manière à augmenter l'épaisseur des bois; les jeunes plants se trouveront ainsi protégés par les vieux arbres. Nous recommandons de planter de préférence des chênes, des pins et surtout des noyers et des châtaigniers dont les fruits seront assurément d'une grande ressource dans les années difficiles, lorsqu'à la suite de grandes sécheresses les tribus se trouveront momentanément privées de céréales.

Les idées émises plus haut se réduisent à ceci :

1º Favoriser largement et sans arrière-pensée, les Français dans le Tell, où leur réussite est certaine ;

2º Détourner les colons des hauts plateaux, où leurs établissements sont dans de mauvaises conditions et ne peuvent que péricliter, faute de bois et d'eau ;

3º Laisser aux Arabes leurs stations d'été dans le Tell et leurs stations d'hiver reconnues indispensables à leur existence ;

4º Ne pas les détourner de cette vie nomade qui seule leur permet de rester sur leurs terres de labour le temps juste nécessaire pour les ensemencer et les abandonner ensuite pour aller vivre ailleurs, en attendant que l'époque de la moisson vienne les rappeler.

Les auteurs qui parlent d'assimiler les Arabes et de les attacher au sol par des constructions à l'européenne, oublient que les trois quarts des plaines ne sont habitables que durant quelques mois de l'année ; qu'il faut les abandonner aux premières chaleurs pour gagner les montagnes, sous peine de mourir de fièvre et de faim. Que l'existence y est impossible, parce que les sources tarissent en été et que si l'on persiste à vouloir tenir la position, on est réduit à boire l'eau des mares qui donne bientôt des dyssenteries et enlève rapidement les populations.

On parle souvent de ce qui se passe en Amérique, et on vante sans cesse la prospérité de ces colonies lointaines comme une condamnation de notre système. A cela il n'y a qu'un mot à répondre : L'Amérique possède de *grands fleuves constamment pleins d'eau* qui répandent la vie partout, et en tous temps récompensent aussi les colons de leurs fatigues et de leurs efforts journaliers.

En Afrique, ce n'est pas cela. On a de l'eau pendant cinq mois et l'on en manque pendant sept ; ceci explique pourquoi les européens ne peuvent sans danger se fixer sur les hauts plateaux, et pourquoi aussi les Arabes les abandonnent à leur tour aux époques de sécheresse.

———

Il ne faut donc pas se faire illusion, il vaut mieux dire franchement ce qui est que de laisser de braves gens courir après une chimère en s'installant de confiance là où ils ne sauraient trouver leurs moyens d'existence, là où ils sont fatalement condamnés à périr.

Ce sont justement ces déceptions déplorables qui ont découragé les premiers venus, en ont fait mourir à la peine et ont éloigné les autres.

Si nous voulons sauver la Colonie, occupons fortement le Tell ; appelons-y des colons *agriculteurs ;* vendons-leur des terres *à bon marché*, mais ne les laissons pas monter sur les hauts plateaux, où leur ruine est certaine. En leur disant nettement la vérité, nous rendrons, soyons-en bien persuadés, service à tout le monde.

Surtout, *ne donnons pas de terres à titre de concessions ;* car les terrains donnés ne profitent pas à la colonisation ; mais vendons-les plutôt, parce que les colons sérieux sont les seuls qui achetteront et sauront faire prospérer la Colonie.

Laissons de côté les utopies.

Ne songeons pas à assimiler ce qui ne peut pas l'être.

Sachons faire comme les Romains qui ont toujours eu le bon esprit de laisser aux vaincus leurs mœurs et leurs coutumes, et qui poussaient en outre la sagesse jusqu'à savoir renoncer à leurs usages quand ils en trouvaient de meilleurs chez leurs tributaires.

Faisons tout pour attacher les Arabes à notre cause, car ce sont, ne l'oublions pas, d'intrépides soldats qui nous ont déjà prouvé sur vingt champs de batailles, qu'ils étaient à plus d'un titre dignes de toute notre estime et de toute notre sympathie.

Ouvrons enfin de bonnes routes pour relier au plus vite à la côte les points extrêmes des hauts plateaux. C'est, croyons-nous, le seul moyen de faciliter l'écoulement des produits et de dominer ainsi, par le commerce, le pays tout entier.

———

Je conclurai donc en deux mots :

AUX EUROPÉENS LE TELL.

(A l'exception toutefois de ce qui est nécessaire aux indigènes).

AUX ARABES LES HAUTS PLATEAUX.

(Avec leurs stations dans le Tell).

Et avant vingt ans l'Algérie aura complètement changé d'aspect.

Mais pour atteindre avec certitude ce but tant

désiré, après lequel on court en vain depuis si long-
temps par des essais mal définis, il ne faut pas que
l'arrivée d'un nouveau Chef puisse chaque fois tout
remettre en question dans le pays. Car ces change-
ments si fréquents n'ont cessé jusqu'à ce jour de jeter
le trouble dans les esprits et la perturbation dans
toutes les administrations, politiques, civiles et mili-
taires, en même temps qu'ils ont malheureusement
entravé le progrès parmi les habitants de la Colonie,
incertains qu'ils étaient du lendemain, inquiets de
l'avenir.

Il est donc nécessaire que la Mère-Patrie adopte
décidément un système connu de tous et l'impose
ouvertement au Gouverneur sans lui permettre de
s'en écarter.

Il faut qu'un programme bien élucidé par une com-
mission de hauts fonctionnaires et de grands indus-
triels soit enfin arrêté, une fois pour toutes, et qu'il
soit désormais de rigueur pour tous ceux qui vien-
dront prendre successivement la direction des inté-
rêts de la Colonie.

Il faut de plus que notre ligne de conduite vis-à-vis
des Arabes soit ferme et énergique, mais aussi loyale,
afin qu'ils sachent également sur quoi ils peuvent
compter et ce qu'ils ont à espérer de nous. D'autre
part, il faut qu'ils soient bien convaincus, par
nos actes, que nous voulons à tout jamais faire de
l'Algérie une seconde France.

Alors, mais seulement alors, l'opinion publique
éclairée saura dans quelle voie l'on marche et le but
qu'on se propose. A partir de ce moment, l'espérance
se fera jour, la confiance renaîtra, et les colons
sérieux, les agriculteurs intelligents, les vrais travail-
leurs, les hommes entreprenants arriveront sans

crainte, amenant avec eux cette prospérité tant souhaitée, qui régnera désormais du Tell au Sahara. En présence de ces heureux résultats, les Arabes rassurés à leur tour et tranquilles sur leur avenir, ne songeront plus à se soulever, parce qu'ils verront clairement que nous savons enfin ce que nous voulons, et ils comprendront aisément que leur bien-être futur dépend réellement de la présence continue de notre drapeau sur le sol algérien ; drapeau, du reste, essentiellement civilisateur, puisqu'il porte dans ses plis les principes immortels proclamés pour la première fois par la France, il y a plus de quatre-vingts ans, et toujours soutenus par elle.

LIBERTÉ, ÉGALITÉ, FRATERNITÉ.

Avril 1872. — TÉBESSA (Province de Constantine).

Constantine. — Typ. L. Marle.

9 782012 479753